JN078430

楽しい算数ワーク

小学1年生

片桐裕昭

いかだ社

もくじ

奥が深い1年生の算数

「さぁ、10 数えたら出ますよ。い～ち、に～い、さ～ん……」

お子さんとお風呂でこんなことをいったりすること、ありませんか？

多くの子どもたちは、この時、初めて数と出会います。そして、親は、わが子が 10 まで唱えるのを聞いてひと安心します。

しかし、数には

1 「りんご3こ」「鉛筆5本」のように、ものの集まりを表す

2 「1番、2番、3番……」のように、順番を表す

3 「102 号室」「3 番地」のように、場所を表す

など、いろいろな意味があります。ですから、10 まで数えられたとしても、それで数がわかったとはいえません。

1年生の勉強は、やさしいように思えますが、決してそのようなことはありません。けっこう奥が深いのです。

また、上の学年で習う内容の基礎的なものもたくさんつまっています。

本書は、1年生に配当された単元の中から重要単元を取り上げ、さらにポイントとなる問題を厳選して1ページにまとめました。

$$\begin{array}{r} 2\ 4\ 3 \\ +\ 5\ 1\ 6 \\ \hline 7\ 5\ 9 \end{array}$$

$$\begin{array}{r} 2 \\ +5 \\ \hline 7 \end{array} \quad \begin{array}{r} 4 \\ +1 \\ \hline 5 \end{array} \quad \begin{array}{r} 3 \\ +6 \\ \hline 9 \end{array}$$

3けたのたし算も
1けたのたし算のくりかえし

その1ページも、5 ～ 10 分程度でできるようになっています。

文字通り「すきま時間にできる　算数ワークシート」です。

「算数って楽しい！」「もっと勉強したい！」——子どもたちがそんな気持ちをもつようになることを願ってやみません。

片桐裕昭

単元 なかまあつめ
なかまを あつめよう

1 いろいろな　いきものがいるよ。
　　おなじ　なかまを　せんで　かこみましょう。

はやく
おわったら、
いろを　ぬっても
たのしいよ

なかまわけを しよう

べんきょうした日　　　月　　　日

なまえ

1 りくに　すむ　いきものは　どれですか。□に　〇を　つけましょう。

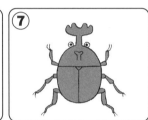

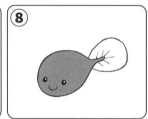

1年の
03
さんすう

単元 **なかまあつめ**
どれが ちがう？

べんきょうした日　　　　　月　　　日

なまえ

1 いろいろな　のりものが　あるね。
　　なかまで　ないものを　せんで　かこみましょう。

① そらを　とぶ　もの

② りくを　はしる　もの

③ みずの　うえを　はしる　もの

 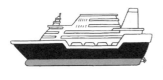 

④ えんじんが　ついている　もの

⑤ ひとりしか　のれない　もの

 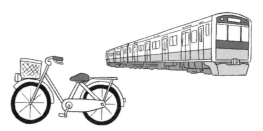

1年の **04** さんすう	単元 一対一対応 **どちらが おおいかな？**	べんきょうした日 　　月　　日
		なまえ

1 どちらが　おおいかな。おおい　ほうに　〇を　つけましょう。
　　せんで　つないで　たしかめましょう。

①

❶（　　　　）

❷（　　　　）

②

❶（　　　　）

❷（　　　　）

③

❶（　　　　）

❷（　　　　）

④

❶（　　　　）

❷（　　　　）

1年の
05
さんすう

単元 **一対一対応**
おおい・すくない・おなじ

べんきょうした日　　　　　月　　　日

なまえ

1 おおい　ほうに　○を　つけましょう。

① けーき　　さら

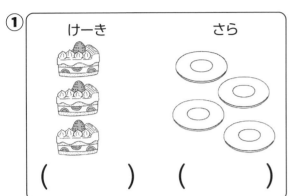

（　　　）　（　　　）

② いす　　つくえ

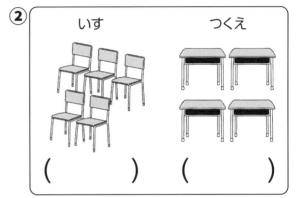

（　　　）　（　　　）

③ けしごむ　　えんぴつ

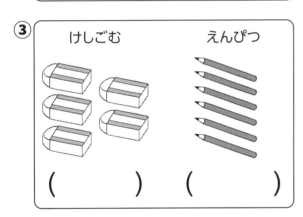

（　　　）　（　　　）

④ ばっと　　ぼーる

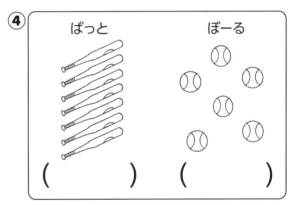

（　　　）　（　　　）

2 たいると　おなじ　かずの　ものを　せんで　むすびましょう。

□←この　しかくを　たいると　いいます。

① 　　② 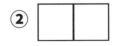　　③ 　　④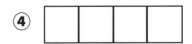

・　　　　・　　　　・　　　　・

・　　　・　　　・　　　・　　　・

　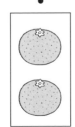　　　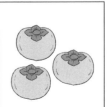

1 たいると　おなじ　かずの　ものは　どれでしょう。おなじ　ものを
せんで　かこみましょう。

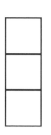

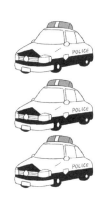

(たいる)

と　おなじ　かずを（ 3 ）と　かいて（ さん ）と　よみます。

2 3の　なかまを　せんで　かこみましょう。

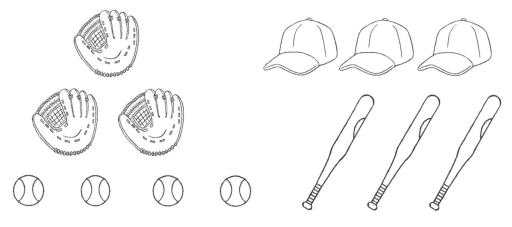

☆ すうじの　3の　れんしゅうを　しましょう。

3	3					

1年の
07
さんすう

単元 **5までの 数**
2(に)・ 1(いち)

べんきょうした日 ＿＿＿＿ 月 ＿＿ 日

なまえ

(たいる)

とおなじ かずを (2) と かいて (に) と よみます。

1 2の なかまを せんで かこみましょう。

☆ すうじの 2の れんしゅうを しましょう。

2	2					

(たいる)

とおなじ かずを (1) と かいて (いち) と よみます。

2 1の なかまを せんで かこみましょう。

☆ すうじの 1の れんしゅうを しましょう。

1	1					

1年の
08
さんすう

単元 **5までの 数**
4(し)・5(ご)

べんきょうした日　　　月　　　日

なまえ

(たいる)

と おなじ かずを (4) と かいて (し) と よみます。

1 4の　なかまを　せんで　かこみましょう。

☆ すうじの　4の　れんしゅうを　しましょう。

4	4					

(たいる)

と おなじ かずを (5) と かいて (ご) と よみます。

2 5の　なかまを　せんで　かこみましょう。

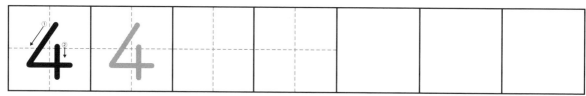

☆ すうじの　5の　れんしゅうを　しましょう。

5	5					

1年の
09
さんすう

単元 **5までの 数**
0(れい)

べんきょうした日 ____ 月____ 日____

なまえ

1 ことりは ぜんぶで なんわ いるでしょう。たいるの したの ( )に
かずを かきましょう。

① (たいる)

( )わ

② (たいる)

( )わ

③ (たいる)

( )わ

④ ?

(0)わ

よみかた ⇒ (れい)

☆ すうじの 0の れんしゅうを しましょう。

0　0

2 りんごは なんこ あるでしょう。

① ( )こ

② ( )こ

③ ( )こ

④ ( )こ

3 おだんごは くしに なんこ あるでしょう。

① ( )こ　② ( )こ　③ ( )こ　④ ( )こ　⑤ ( )こ　⑥ ( )こ

1年の
10
さんすう

単元 **5までの数**
たいる・すうじ・ことば

べんきょうした日　　　　月　　　日

なまえ

1 おなじ　かずを　せんで　むすびましょう。

え	たいる	すうじ	ことば

① 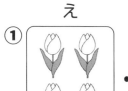 ・

　❶ 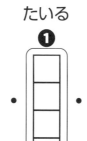 ・

　・ 0 ・ さん

② 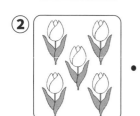 ・

　❷ ・

　・ 3 ・ ご

③ ・

　❸ 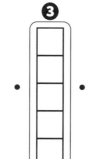 ・

　・ 4 ・ れい

④

　・ 5 ・ し

　❹ ・

⑤  ・

　・ 1 ・ に

　❺ ・

⑥  ・

　❻ ・

　・ 2 ・ いち

14

1年の
11
さんすう

単元 **5までの数**
5のかたまり

べんきょうした日　　　　月　　　日

なまえ

たいるの　5の　かたまりを　つくりましょう。

ばらばら　　　　　　　くっつける　　　　　せんを　とる

　も　　　　　　　も　おおきさは　おなじです。

1 5と　いくつ　でしょう。

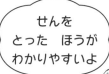
せんを
とった　ほうが
わかりやすいよ

①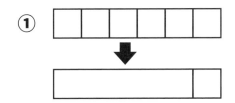

 5 と（　　　　）

②

5 と（　　　　）

③

5 と（　　　　）

④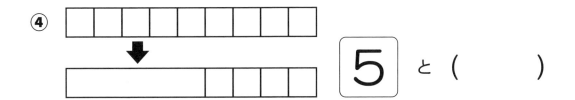

5 と（　　　　）

単元 **9までの数**
6(ろく)・7(しち)

1 でんしゃは　ぜんぶで　なんりょう　あるでしょう。

こたえ　**6りょう**

（5）と（1）で（6）と　かいて（ろく）と　よみます。

☆ すうじの　6の　れんしゅうを　しましょう。

6	6					

2 ことりは　ぜんぶで　なんわ　いるでしょう。

こたえ　**7わ**

（5）と（2）で（7）と　かいて（しち）と　よみます。

☆ すうじの　7の　れんしゅうを　しましょう。

7	7					

1 ちゅうりっぷは　ぜんぶで　なんぼん　あるでしょう。

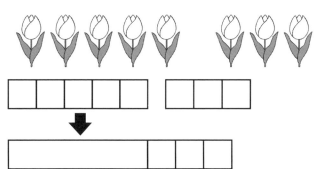

こたえ　8 ほん

（5）と（3）で（8）と　かいて（はち）と　よみます。

☆ すうじの　8の　れんしゅうを　しましょう。

2 ふうせんは　ぜんぶで　いくつ　あるでしょう。

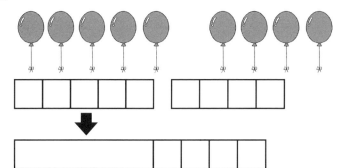

こたえ　9 つ

（5）と（4）で（9）と　かいて（く）と　よみます。

☆ すうじの　9の　れんしゅうを　しましょう。

1年の
14
さんすう

単元 **9までの数**
たいる・すうじ・ことば

べんきょうした日 ｜ 月 ｜ 日

なまえ

1 おなじ　かずの　なかまを　せんで　むすびましょう。

え	たいる	すうじ	ことば

①  ・　・  ・　・ 9 ・　・ ろく

② 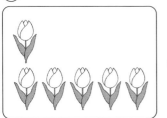 ・　・ 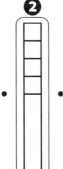 ・　・ 7 ・　・ く

③ 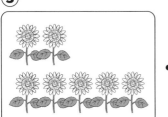 ・　・ 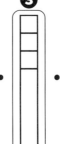 ・　・ 6 ・　・ はち

④ 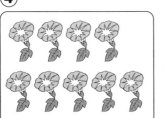 ・　・  ・　・ 8 ・　・ しち

単元 **9までの数**
なんばんめ

べんきょうした日 ＿＿＿＿＿ 月 ＿＿＿ 日

なまえ

1 あてはまる　かずを　かきましょう。

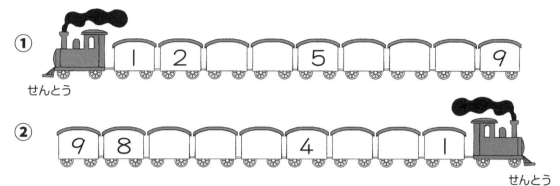

① せんとう

② せんとう

2 どうぶつたちが　こうしんして　います。

まえ

らいおん　うさぎ　きつね　りす　ねこ　へび　ひつじ　くま　うし

① ひつじは　まえから　なんばんめ　ですか。　　　(　　　　)ばんめ

② くまは　まえから　なんばんめ　ですか。　　　(　　　　)ばんめ

③ うさぎは　うしろから　なんばんめ　ですか。　　(　　　　)ばんめ

④ りすは　うしろから　なんばんめ　ですか。　　(　　　　)ばんめ

⑤ まえから　6ばんめの　どうぶつは　なんですか。　(　　　　　　)

⑥ まえから　8ばんめの　どうぶつは　なんですか。　(　　　　　　)

⑦ うしろから　6ばんめの　どうぶつは　なんですか。　(　　　　　　)

⑧ うしろから　8ばんめの　どうぶつは　なんですか。　(　　　　　　)

あわせて　いくつでしょう？

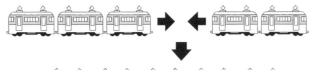

あわせて　いくつ？ → たしざん

たいるで　あらわすと

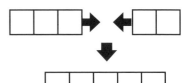

すうじで　かくと
3 + 2 = 5

これを (たしざんのしき) と　いいます。

なぞりましょう。

---

1 あわせて　いくつでしょう。えを　みて　たしざんの　しきと　こたえを　かきましょう。

①

しき 2 + 1 = 3

②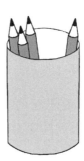

しき

③

しき

④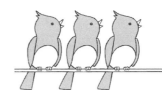

しき

1年の
17
さんすう

単元 **5までのたし算**
あわせていくつ 2

べんきょうした日 _____ 月 ____ 日

なまえ

1 たいるを みて しきと こたえを かきましょう。

① ☐☐☐ + ☐

しき　3 + 1 = 4

② ☐☐ + ☐

しき

③ ☐ + ☐☐☐

しき

④ ☐☐☐☐ + ☐

しき

⑤ ☐☐ + ☐☐☐

しき

⑥ ☐ + ☐☐☐☐

しき

⑦ ☐☐☐ + ☐☐

しき

⑧ ☐☐ + ☐☐

しき

2 けいさんを しましょう。

① 1 + 1 =

② 2 + 1 =

③ 2 + 3 =

④ 4 + 1 =

⑤ 3 + 1 =

⑥ 2 + 2 =

単元 5までのたし算
0(れい) のたしざん

べんきょうした日　　　月　　　日

なまえ

1 えを みて たしざんの しきと こたえを かきましょう。

①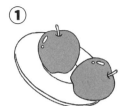

②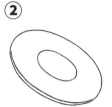

あわせて　いくつ？

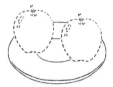

しき　2 + 0 = 2

しき

2 けいさんを しましょう。

① 5 + 0＝

② 0 + 1＝

③ 0 + 5＝

④ 2 + 0＝

⑤ 3 + 0＝

⑥ 0 + 4＝

⑦ 0 + 2＝

⑧ 1 + 0＝

⑨ 4 + 0＝

⑩ 0 + 0＝

1年の
19
さんすう

単元 **9までのたし算**
５＋２は？

べんきょうした日　　　　月　　　日

なまえ

1 あわせて　いくつでしょう？

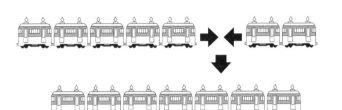

たいるで　あらわすと

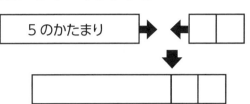

5のかたまり

しき　　　　　＋　　　　＝

2 たいるを　みて　しきと　こたえを　かきましょう。

① 　　　　　＋　　　　　② 　　　　　＋

しき

③ 　＋　　　　　④ 　　　　　＋

しき

3 けいさんを　しましょう。

① ５＋１＝　　　　② ５＋４＝

③ ５＋３＝　　　　④ ５＋２＝

4 けいさんを　しましょう。

① ２＋５＝　　　　② ４＋５＝

③ １＋５＝　　　　④ ３＋５＝

単元 **9までのたし算**
6＋2は？

1 たいるを　みて　しきと　こたえを　かきましょう。

① | 5のかたまり | | ＋ |

②

しき _____

しき _____

③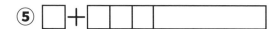

④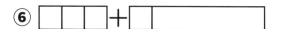

しき _____

しき _____

⑤ □＋□□□□

⑥ □□□＋□□

しき _____

しき _____

2 けいさんを　しましょう。

① $6 + 2 =$ 　　② $7 + 2 =$

③ $7 + 1 =$ 　　④ $6 + 1 =$

⑤ $8 + 1 =$ 　　⑥ $6 + 3 =$

3 けいさんを　しましょう。

① $1 + 7 =$ 　　② $1 + 8 =$

③ $3 + 6 =$ 　　④ $2 + 6 =$

⑤ $2 + 7 =$ 　　⑥ $1 + 6 =$

1年の **21** さんすう ＞ 単元 **9までのたし算**
４＋３は？
べんきょうした日 ＿＿＿＿＿＿＿＿ 月 ＿＿ 日

なまえ

1 あわせて　いくつでしょう？

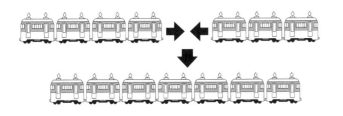

たいるで　あらわすと

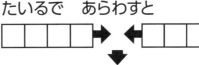

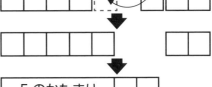

| 5 のかたまり | | |

しき ＿＿＿＿ ＋ ＿＿＿＿ ＝ ＿＿＿＿

2 たいるを　みて　しきと　こたえを　かきましょう。

① □□□□＋□□　　② □□＋□□□□

しき ＿＿＿＿＿＿＿　　しき ＿＿＿＿＿＿＿

③ □□□□＋□□□□

しき ＿＿＿＿＿＿＿

3 けいさんを　しましょう。

① ４＋３＝　　② ４＋２＝

③ ４＋４＝

4 けいさんを　しましょう。

① ２＋４＝　　② ３＋３＝

③ ３＋４＝

1年の
22
さんすう

単元 9までのたし算
けいさんの まとめ

べんきょうした日　　　月　　　日

なまえ

1 けいさんを しましょう。

① 5 + 1=

② 2 + 4=

③ 1 + 7=

④ 6 + 3=

⑤ 2 + 6=

⑥ 7 + 2=

⑦ 3 + 3=

⑧ 4 + 5=

⑨ 8 + 1=

⑩ 5 + 3=

⑪ 2 + 7=

⑫ 6 + 1=

⑬ 3 + 4=

⑭ 2 + 5=

⑮ 2 + 5=

⑯ 4 + 2=

⑰ 4 + 4=

⑱ 7 + 1=

1年の
さんすう
23

単元 **9 までのたし算**
たてがきの けいさん

べんきょうした日　　　月　　　日

なまえ

 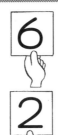

$6 + 2 = 8$

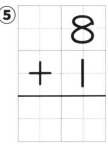

$$\begin{array}{r} 6 \\ +\,2 \\ \hline 8 \end{array}$$

ひだりの ような
けいさんの しかたを
(ひっさん)と
いいます。

1 ひっさんを しましょう。

① $\begin{array}{r} 2 \\ +\,1 \\ \hline 3 \end{array}$　② $\begin{array}{r} 4 \\ +\,5 \\ \hline \end{array}$　③ $\begin{array}{r} 6 \\ +\,2 \\ \hline \end{array}$　④ $\begin{array}{r} 3 \\ +\,3 \\ \hline \end{array}$　⑤ $\begin{array}{r} 8 \\ +\,1 \\ \hline \end{array}$

2 ひっさんに して けいさんを しましょう。

① 2＋3　② 7＋2　③ 4＋4　④ 2＋6　⑤ 1＋7

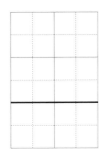 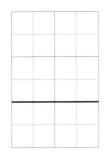 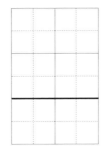 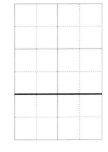

$$\begin{array}{r} 2 \\ +\,3 \\ \hline 5 \end{array}$$

⑥ 1＋2　⑦ 2＋5　⑧ 1＋8　⑨ 5＋4　⑩ 6＋3

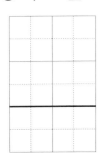 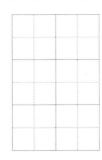 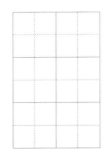 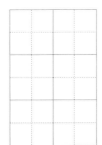 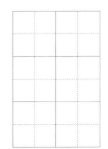

せんを ひくのを わすれないように しましょう。

1年の
さんすう
24

単元 9までのたし算
ぶんしょうの もんだい

べんきょうした日　　　　　月　　　　日

なまえ

1 もんだいを　よんで　しきと　こたえを　かきましょう。

① 3この　りんごと　4この　りんごを　いっしょに　しました。
りんごは　ぜんぶで　なんこですか。

しき　　　　　　　　　　　　　　　　　こたえ

② おにいさんは　ぶどうを　6こ　たべました。おとうとは　3こ　たべました。あわせて　なんこ　たべたでしょう。

しき　　　　　　　　　　　　　　　　　こたえ

③ あかい　あさがおが　3つ　あおい　あさがおが　2つ　さいて　います。あさがおは　みんなで　いくつですか？

しき　　　　　　　　　　　　　　　　　こたえ

④ あおい　おりがみが　4まい　あかい　おりがみが　3まい　あります。
おりがみは　あわせて　なんまいですか。

しき　　　　　　　　　　　　　　　　　こたえ

⑤ すずめが　3わ　います。そこに　すずめが　5わ　とんで
きました。すずめは　あわせて　なんわに　なりましたか。

しき　　　　　　　　　　　　　　　　　こたえ

1年の
25
さんすう

単元 **5 までのひき算**
のこりはいくつ 1

べんきょうした日　　　　月　　　日

なまえ

のこりは　なんわでしょう？

のこりは　いくつ？ → ひきざん

たいるで　あらわすと

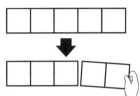

すうじで　かくと
5 − 2 ＝ 3

これを （ ひきざんのしき ） と　いいます。

なぞりましょう。

1 えを　みて　ひきざんの　しきと　こたえを　かきましょう。

① のこった　でんしゃの　かずは？

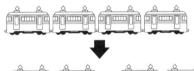

しき　4 − 2 ＝ 2

② のこった　ふうせんの　かずは？

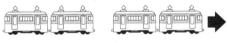

しき

③ のこった　どんぐりの　かずは？

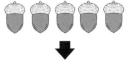

しき

1年の
26
さんすう
単元 5 までのひき算
のこりはいくつ2

べんきょうした日 ＿＿＿ 月 ＿ 日

なまえ

1 たいるを みて しきと こたえを かきましょう。

①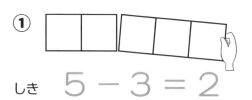

しき　5 − 3 = 2

②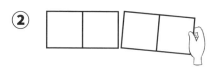

しき

③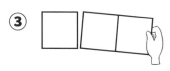

しき

④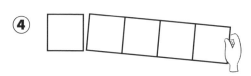

しき

⑤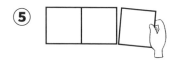

しき

⑥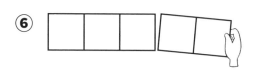

しき

⑦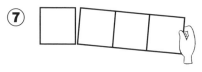

しき

⑧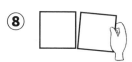

しき

2 けいさんを しましょう。

① 5 − 1 =

② 4 − 1 =

③ 5 − 4 =

④ 3 − 2 =

⑤ 4 − 3 =

⑥ 2 − 1 =

1年の
27
さんすう

単元 **5 までのひき算**
0(れい) のひきざん

べんきょうした日　　　　月　　　日

なまえ

1 きんぎょすくいを　しています。すいそうの
なかには　きんぎょが　3 びきいます。

① 1ぴき　すくいました。のこりは　なんびきで
しょう。

しき _____　こたえ _____

② 3びき　すくいました。のこりは　なんびきで
しょう。

しき _____　こたえ _____

③ ぜんぜん　すくえませんでした。のこりは
なんびきでしょう。

しき _____　こたえ _____

2 けいさんを　しましょう。

① $5 - 0 =$ 　　② $4 - 0 =$

③ $2 - 0 =$ 　　④ $1 - 0 =$

⑤ $5 - 5 =$ 　　⑥ $4 - 4 =$

⑦ $2 - 2 =$ 　　⑧ $1 - 1 =$

⑨ $0 - 0 =$

1年の
28
さんすう

単元 **9 までのひき算**
8－3は？

べんきょうした日　　　　　月　　　日

なまえ

1 のこりは　なんこでしょう？

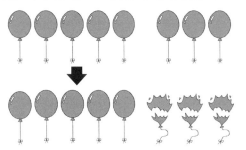

ふうせんが　8こあります。
3こ　われてしまいました。

たいるで　あらわすと

| 5のかたまり | | | |

しき　　　　　　　　－　　　　＝
_____

2 たいるを　みて　しきと　こたえを　かきましょう。

①

しき
_____

②

しき
_____

③

しき
_____

④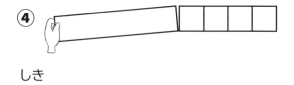

しき
_____

3 けいさんを　しましょう。

① 7 － 2 ＝

② 6 － 1 ＝

③ 8 － 3 ＝

④ 9 － 4 ＝

4 けいさんを　しましょう。

① 9 － 5 ＝

② 8 － 5 ＝

③ 6 － 5 ＝

④ 7 － 5 ＝

1年の
29
さんすう

単元 **9 までのひき算**
８－２は？

べんきょうした日　　　　月　　　日

なまえ

1 たいるを　みて　しきと　こたえを　かきましょう。

①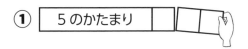

しき _____

②

しき _____

③

しき _____

④

しき _____

⑤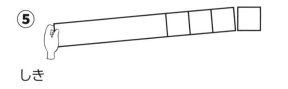

しき _____

⑥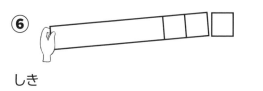

しき _____

2 けいさんを　しましょう。

① $8 - 1 =$

② $9 - 2 =$

③ $7 - 1 =$

④ $9 - 3 =$

⑤ $8 - 2 =$

⑥ $9 - 1 =$

3 けいさんを　しましょう。

① $7 - 6 =$

② $9 - 7 =$

③ $8 - 6 =$

④ $9 - 6 =$

⑤ $8 - 7 =$

⑥ $9 - 8 =$

単元 **9までのひき算**
7－3は？

べんきょうした日　　　　月　　　　日

なまえ

1 のこりは　いくつでしょう？

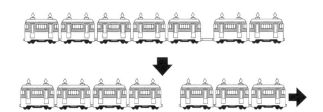

たいるで　あらわすと

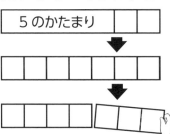

しき 　　　　　ー　　　　　＝

2 たいるを　みて　しきと　こたえを　かきましょう。

①

しき

②

しき

③

しき

3 けいさんを　しましょう。

① 6 － 2 =

② 7 － 4 =

③ 6 － 4 =

4 けいさんを　しましょう。

① 8 － 4 =

② 6 － 3 =

③ 7 － 3 =

1 けいさんを しましょう。

① $9 - 1 =$

② $5 - 4 =$

③ $5 - 3 =$

④ $3 - 0 =$

⑤ $9 - 4 =$

⑥ $9 - 9 =$

⑦ $7 - 0 =$

⑧ $6 - 4 =$

⑨ $5 - 1 =$

⑩ $8 - 1 =$

⑪ $9 - 3 =$

⑫ $6 - 4 =$

⑬ $6 - 2 =$

⑭ $4 - 3 =$

⑮ $7 - 5 =$

⑯ $9 - 2 =$

⑰ $8 - 8 =$

⑱ $0 - 0 =$

 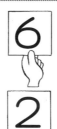

6 - 2 = 4

$$\begin{array}{r} 6 \\ -2 \\ \hline 4 \end{array}$$

ひだりの ような
けいさんの しかたを
(ひっさん)と
いいます。

1 ひっさんを しましょう。

①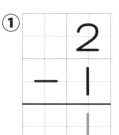
②
③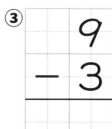
④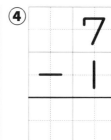
⑤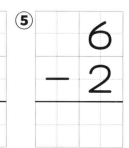

2 ひっさんに して けいさんを しましょう。

① 7 - 4　② 8 - 3　③ 9 - 2　④ 5 - 3　⑤ 8 - 0

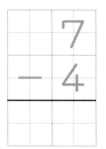 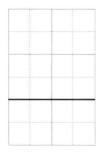 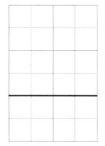 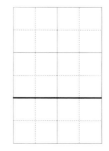 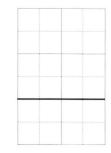

⑥ 6 - 5　⑦ 4 - 4　⑧ 8 - 6　⑨ 9 - 8　⑩ 7 - 7

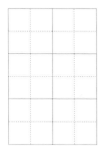 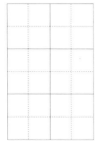 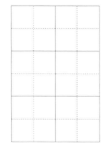 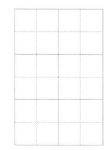 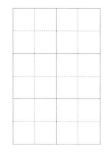

せんを ひくのを わすれないように しましょう。

1 もんだいを　よんで　しきと　こたえを　かきましょう。

① いちごが　7こ　あります。3こ　たべると　のこりは　なんこに
なりますか。

しき　　　　　　　　　　　　　　こたえ

② ばすに　おきゃくさんが　8にん　のっています。6にん　おりると
おきゃくさんは　なんにん　のこりますか。

しき　　　　　　　　　　　　　　こたえ

③ ちゅうしゃじょうに　くるまが　9だい　とまっています。6だい
でていくと　のこりは　なんだいに　なりますか。

しき　　　　　　　　　　　　　　こたえ

④ こどもが　8にん　あそんでいました。3にん　かえりました。
あと　なんにんに　なりましたか。

しき　　　　　　　　　　　　　　こたえ

⑤ あかい　おりがみと　あおい　おりがみが　あわせて　6まい　あります。あかい　おりがみは　2まいです。あおい　おりがみは　なんまいですか。

しき　　　　　　　　　　　　　　こたえ

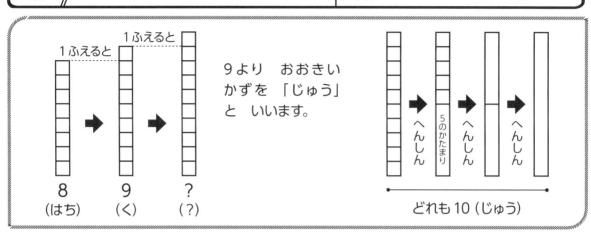

9より おおきい
かずを 「じゅう」
と いいます。

8 （はち）　9 （く）　? （?）

どれも 10 （じゅう）

1 じゅうずつの かたまりで かこみましょう。

じゅうの たばは なんぼん？ 1の ばらは なんこ？

①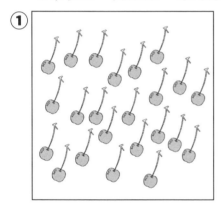

じゅうのたば	ほん
1のばら	こ

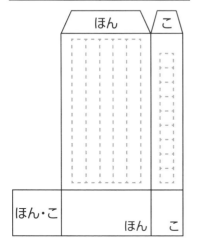

ほん	こ

ほん・こ	ほん	こ

②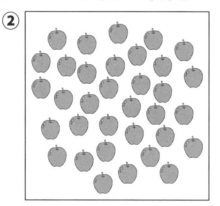

じゅうのたば	ほん
1のばら	こ

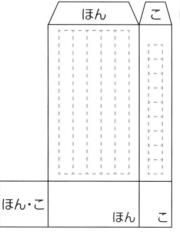

ほん	こ

ほん・こ	ほん	こ

じゅうと 1の
たいるを
かいてみましょう

たいる・すうじ・ことば

ほん	こ
十のくらい (じゅう)	一のくらい (いち)

ほん・こ	3 ほん	7 こ
すうじ	37	
ことば	さんじゅうしち	

「ほん」の へやは 「じゅう」の はいる

ばしょで （ 十のくらい ）

「こ」の へやは 1の はいる

ばしょで （ 一のくらい ）

といいます。

3ぼん　7こは

（　　　　　　　）と かき、

（　　　　　　　　　）とよみます。

---

1 「ほん・こ」「すうじ」「ことば」を かきましょう。

①

ほん	こ
十のくらい (じゅう)	一のくらい (いち)

ほん・こ	ほん	こ
すうじ		
ことば		

②

ほん	こ
十のくらい (じゅう)	一のくらい (いち)

ほん・こ	ほん	こ
すうじ		
ことば		

単元 **2けたの数**
10（じゅう）

べんきょうした日　　　月　　　日

なまえ

1 「ほん・こ」「すうじ」「ことば」を　かきましょう。

①
ほん	こ
十のくらい （じゅう）	一のくらい （いち）

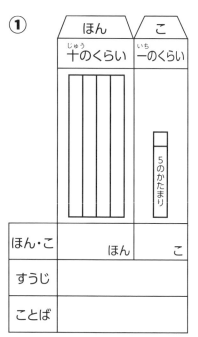

5のかたまり

ほん・こ	ほん	こ
すうじ		
ことば		

②
ほん	こ
十のくらい （じゅう）	一のくらい （いち）

ほん・こ	ほん	こ
すうじ		
ことば		

③
ほん	こ
十のくらい （じゅう）	一のくらい （いち）

ほん・こ	ほん	こ
すうじ		
ことば		

④
ほん	こ
十のくらい （じゅう）	一のくらい （いち）

ほん・こ	ほん	こ
すうじ		
ことば		

⑤
ほん	こ
十のくらい （じゅう）	一のくらい （いち）

ほん・こ	ほん	こ
すうじ		
ことば		

⑥
ほん	こ
十のくらい （じゅう）	一のくらい （いち）

ほん・こ	ほん	こ
すうじ		
ことば		

1年の
37
さんすう

単元 **2けたの数**
どちらが おおきい？

べんきょうした日 　　　月　　　日

なまえ

1 どちらの　かずが　おおきいでしょう。
おおきいほうに　○を　つけましょう。

① ❶(　　) ❷(　　)　　② ❶(　　) ❷(　　)

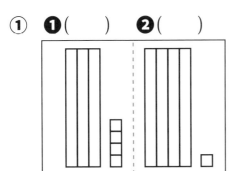 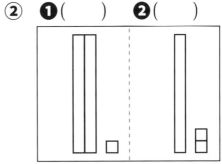

③ ❶(　　) ❷(　　)　　④ ❶(　　) ❷(　　)

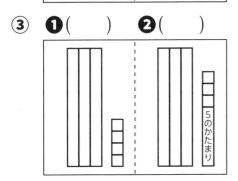 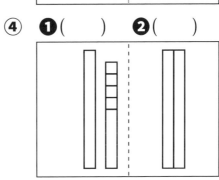

2 おおきいほうを　○で　かこみましょう。

① (21　30)　② (32　23)　③ (30　29)　④ (47　42)

3 いちばん　おおきい　かずを　かきましょう。

① (44　34　41) [　　　]　　② (29　27　28) [　　　]

4 いちばん　ちいさい　かずを　かきましょう。

① (12　21　11) [　　　]　　② (40　26　19) [　　　]

5 ちいさい　じゅんに　かきましょう。

(40　45　41) [　　　　　　　]

かずの じゅんばん

べんきょうした日 　　月　　日
なまえ

1 たいるを 1つずつ ふやして ならべました。
①〜⑩に はいる かずを □にかきましょう。

たいるの
かいだん
みたいだね

1年の
39
さんすう
単元 **2けたの数**
10 (じゅう) を つくる
| べんきょうした日 | 月 | 日 |
| なまえ | | |

1 たいるが いくつと いくつで 10に なりますか。

①  5のかたまり

$\boxed{8}$ と $\boxed{}$ で 10

②

$\boxed{1}$ と $\boxed{}$ で 10

③

$\boxed{}$ と $\boxed{}$ で 10

④

$\boxed{}$ と $\boxed{}$ で 10

⑤

$\boxed{}$ と $\boxed{}$ で 10

⑥

$\boxed{}$ と $\boxed{}$ で 10

⑦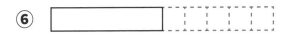

$\boxed{}$ と $\boxed{}$ で 10

⑧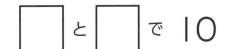

$\boxed{}$ と $\boxed{}$ で 10

⑨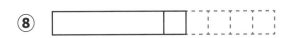

$\boxed{}$ と $\boxed{}$ で 10

2 □の なかの かずは いくつ ですか。

①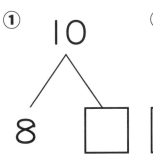

②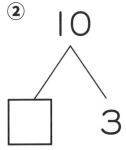

③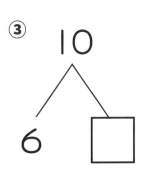

④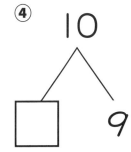

単元 **くり上がりのあるたし算**
9＋□は？

べんきょうした日　　　　月　　　日

なまえ

1 さかなつりに　いって　おにいさんは　9ひき　おとうとは　3びき
つりました。あわせて　なんびき　つったでしょう。

たいるを　つかって
けいさんの　しかたを
かんがえましょう。

しき

＝？

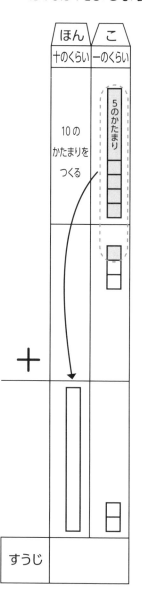

2 けいさんを　しましょう。

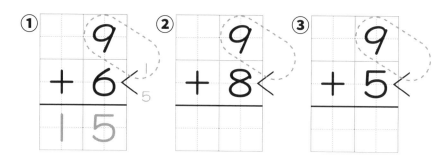

①
$$9 + 6 <$$
15

②
$$9 + 8 <$$

③
$$9 + 5 <$$

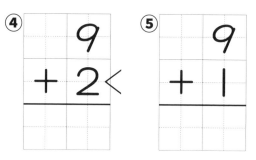
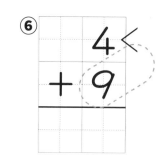

④
$$9 + 2 <$$

⑤
$$9 + 1$$

⑥
$$4 < {} + 9$$

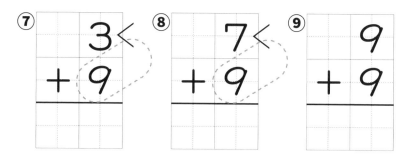

⑦
$$3 < {} + 9$$

⑧
$$7 < {} + 9$$

⑨
$$9 + 9$$

44

単元 くり上がりのあるたし算
８＋□は？

べんきょうした日 ＿＿＿＿ 月 ＿＿ 日

なまえ

1 すずめが ８わ います。そこに ４わ やって きました。すずめは あわせて なんわに なりましたか。

たいるを つかって けいさんの しかたを かんがえましょう。

しき

$$\square \ \square \ \square = ?$$

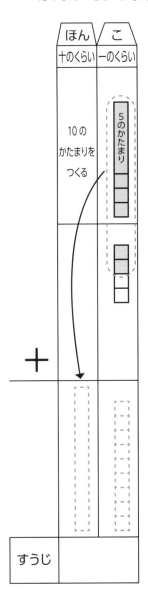

ほん こ
十のくらい 一のくらい

10の かたまりを つくる

5のかたまり

＋

すうじ

2 けいさんを しましょう。

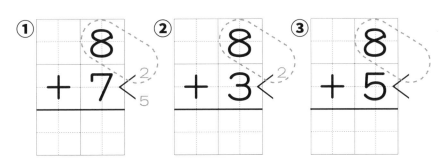

①
$$8 + 7 <^{2}_{5}$$

②
$$8 + 3 <^{2}$$

③
$$8 + 5 <$$

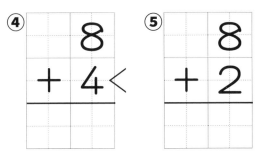
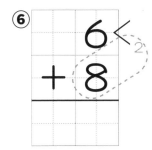

④
$$8 + 4 <$$

⑤
$$8 + 2$$

⑥
$$6 <^{2} + 8$$

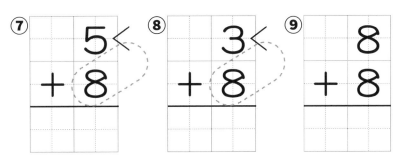

⑦
$$5 < + 8$$

⑧
$$3 < + 8$$

⑨
$$8 + 8$$

1年の
42
さんすう

単元 くり上がりのあるたし算
7＋□は？

べんきょうした日　　　　月　　　日

なまえ

1 おねえさんが　いちごを　7こ　いもうとが　いちごを　4こ　たべました。
あわせて　いくつ　たべたでしょう。

たいるを　つかって
けいさんの　しかたを
かんがえましょう。

しき

$$\Box\ \Box\ \Box = ?$$

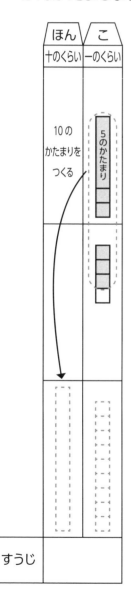

2 けいさんを　しましょう。

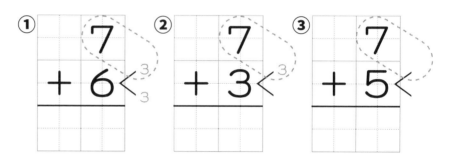

①
$$7$$
$$+\ 6 <{\small \begin{matrix}3\\3\end{matrix}}$$

②
$$7$$
$$+\ 3 <{\small 3}$$

③
$$7$$
$$+\ 5 <$$

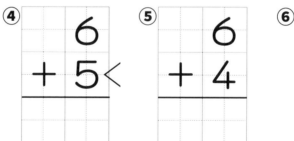
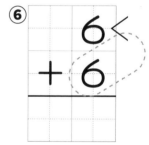

④
$$6$$
$$+\ 5 <$$

⑤
$$6$$
$$+\ 4$$

⑥
$$6 <$$
$$+\ 6$$

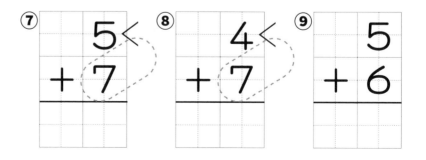

⑦
$$5 <$$
$$+\ 7$$

⑧
$$4 <$$
$$+\ 7$$

⑨
$$5$$
$$+\ 6$$

けいさんの まとめ

1 けいさんを しましょう。

①
$$\begin{array}{r} 8 \\ +5 \\ \hline \end{array}$$

②
$$\begin{array}{r} 5 \\ +6 \\ \hline \end{array}$$

③
$$\begin{array}{r} 5 \\ +9 \\ \hline \end{array}$$

④
$$\begin{array}{r} 7 \\ +7 \\ \hline \end{array}$$

⑤
$$\begin{array}{r} 9 \\ +5 \\ \hline \end{array}$$

⑥
$$\begin{array}{r} 6 \\ +8 \\ \hline \end{array}$$

⑦
$$\begin{array}{r} 6 \\ +5 \\ \hline \end{array}$$

⑧
$$\begin{array}{r} 5 \\ +8 \\ \hline \end{array}$$

⑨
$$\begin{array}{r} 8 \\ +9 \\ \hline \end{array}$$

⑩
$$\begin{array}{r} 7 \\ +6 \\ \hline \end{array}$$

⑪
$$\begin{array}{r} 8 \\ +6 \\ \hline \end{array}$$

⑫
$$\begin{array}{r} 6 \\ +7 \\ \hline \end{array}$$

⑬
$$\begin{array}{r} 9 \\ +6 \\ \hline \end{array}$$

⑭
$$\begin{array}{r} 8 \\ +3 \\ \hline \end{array}$$

⑮
$$\begin{array}{r} 9 \\ +8 \\ \hline \end{array}$$

⑯
$$\begin{array}{r} 7 \\ +4 \\ \hline \end{array}$$

1年の
44
さんすう

単元 **くり上がりのあるたし算**
よこがきの けいさん

べんきょうした日　　　　月　　　日

なまえ

1 けいさんを　しましょう。

① $9 + 7 =$

② $8 + 6 =$

③ $9 + 2 =$

④ $7 + 8 =$

⑤ $9 + 9 =$

⑥ $8 + 4 =$

⑦ $3 + 9 =$

⑧ $4 + 8 =$

2 けいさんを　しましょう。

① $2 + 9 =$

② $8 + 5 =$

③ $7 + 6 =$

④ $7 + 7 =$

⑤ $9 + 1 =$

⑥ $6 + 4 =$

1年の
45
さんすう

単元 くり上がりのあるたし算
ぶんしょうの もんだい

べんきょうした日 ＿＿＿＿＿＿＿ 月 ＿＿＿ 日

なまえ

1 もんだいを よんで しきと こたえを かきましょう。

① 9この みかんと 4この みかんを いっしょに しました。
みかんは ぜんぶで なんこですか。

しき _____ こたえ _____

② くりが かごの なかに 3こ あります。そこへ また 8こ
いれたら かごの なかの くりは なんこに なりますか。

しき _____ こたえ _____

③ あかい おりがみが 8まい あおい おりがみも 8まい あります。
おりがみは ぜんぶで なんまいですか。

しき _____ こたえ _____

④ こどもが 7にん おとなが 5にん います。
あわせて なんにんですか。

しき _____ こたえ _____

⑤ 7がつに ほんを 6さつ 8がつに ほんを 8さつ よみました。
あわせて なんさつ よみましたか。

しき _____ こたえ _____

□ー9は？

べんきょうした日　　　　月　　　日

なまえ

1 ちょこれーとが　12こ　ありました。そのうち　9こ　たべました。
のこりは　なんこでしょう。

たいるを　つかって
けいさんの　しかたを
かんがえましょう。

しき

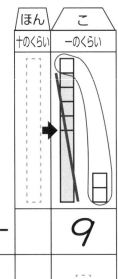 ＝？

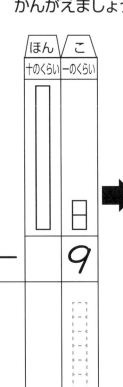

2 けいさんを　しましょう。

①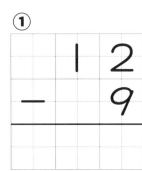

②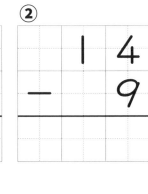

③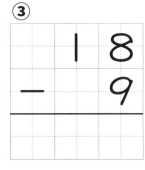

④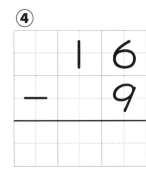

⑤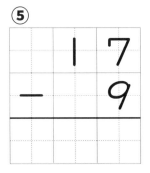

⑥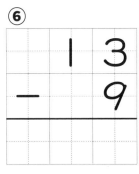

⑦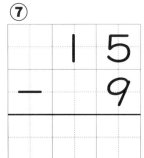

⑧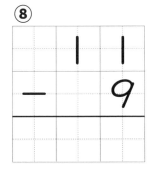

1年の
47
さんすう

単元 くり下がりのあるひき算
□ー8は？

べんきょうした日 ＿＿＿＿ 月 ＿＿ 日

なまえ

1 おりがみが 11まい ありました。そのうち 8まい つかいました。
のこりは なんまいでしょう。

たいるを つかって
けいさんの しかたを
かんがえましょう。

しき

 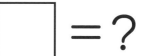 ＝？

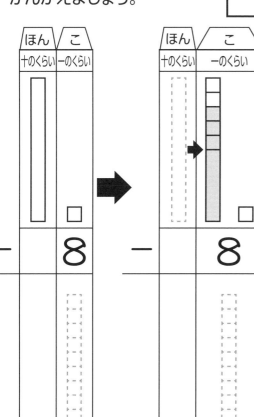

2 けいさんを しましょう。

①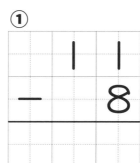

②

③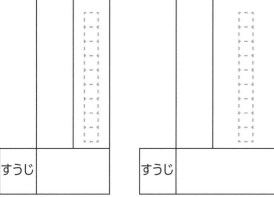

④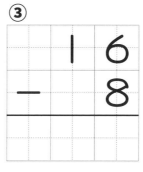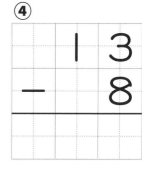

⑤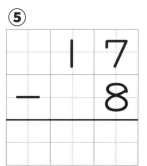

⑥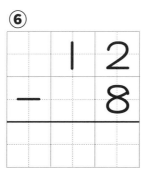

⑦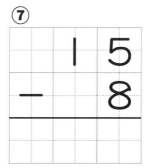

⑧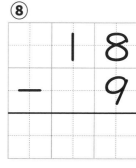

1 ことりが　13わ　いました。そのうち　7わ　とんで　いきました。
のこりは　なんわでしょう。

たいるを　つかって
けいさんの　しかたを
かんがえましょう。

しき

   ＝？

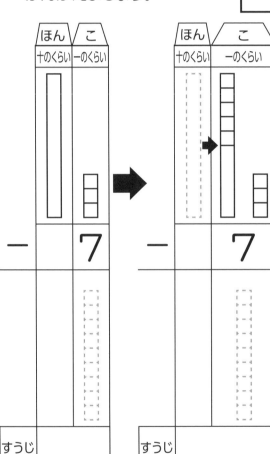

2 けいさんを　しましょう。

①
$$
\begin{array}{r}
1\,3 \\
-\ \ 7 \\
\hline
\end{array}
$$

②
$$
\begin{array}{r}
1\,5 \\
-\ \ 7 \\
\hline
\end{array}
$$

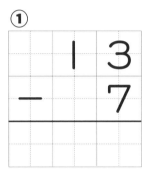

③
$$
\begin{array}{r}
1\,1 \\
-\ \ 7 \\
\hline
\end{array}
$$

④
$$
\begin{array}{r}
1\,4 \\
-\ \ 7 \\
\hline
\end{array}
$$

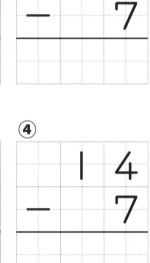

⑤
$$
\begin{array}{r}
1\,3 \\
-\ \ 6 \\
\hline
\end{array}
$$

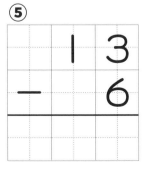

⑥
$$
\begin{array}{r}
1\,1 \\
-\ \ 6 \\
\hline
\end{array}
$$

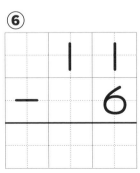

⑦
$$
\begin{array}{r}
1\,5 \\
-\ \ 6 \\
\hline
\end{array}
$$

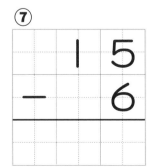

⑧
$$
\begin{array}{r}
1\,4 \\
-\ \ 6 \\
\hline
\end{array}
$$

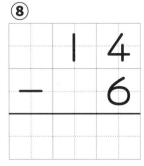

1 めだかが 12 ひき いました。ともだちに 5 ひき あげました。
のこりは なんびきでしょう。

たいるを つかって
けいさんの しかたを
かんがえましょう。

しき

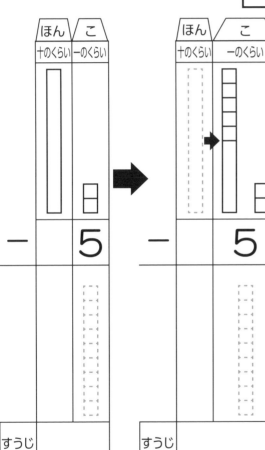

2 けいさんを しましょう。

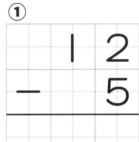

①
$$\begin{array}{r} 1\ 2 \\ -\ \ 5 \\ \hline \end{array}$$

②
$$\begin{array}{r} 1\ 4 \\ -\ \ 5 \\ \hline \end{array}$$

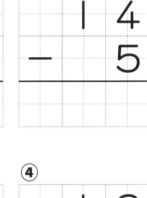

③
$$\begin{array}{r} 1\ 1 \\ -\ \ 5 \\ \hline \end{array}$$

④
$$\begin{array}{r} 1\ 3 \\ -\ \ 4 \\ \hline \end{array}$$

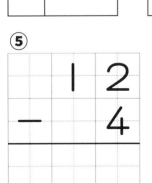

⑤
$$\begin{array}{r} 1\ 2 \\ -\ \ 4 \\ \hline \end{array}$$

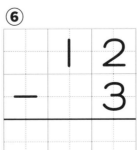

⑥
$$\begin{array}{r} 1\ 2 \\ -\ \ 3 \\ \hline \end{array}$$

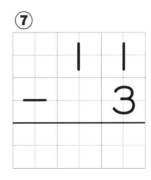

⑦
$$\begin{array}{r} 1\ 1 \\ -\ \ 3 \\ \hline \end{array}$$

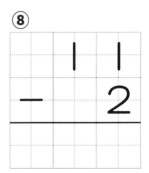

⑧
$$\begin{array}{r} 1\ 1 \\ -\ \ 2 \\ \hline \end{array}$$

けいさんの まとめ

べんきょうした日　　　　　月　　　日

なまえ

1 けいさんを しましょう。

①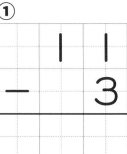

②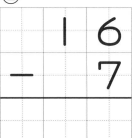

③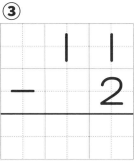

④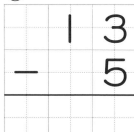

⑤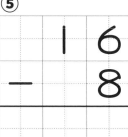

⑥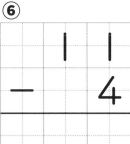

⑦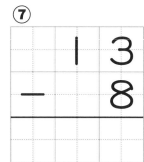

⑧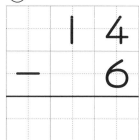

2 ひっさんに なおして けいさんを しましょう。
ひっさんに するときは くらいを そろえて かきます。

① 14 − 7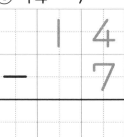

② 16 − 9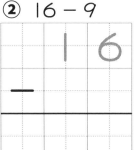

③ 15 − 9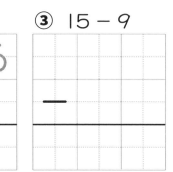

④ 12 − 3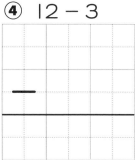

⑤ 12 − 9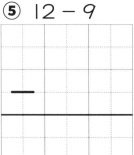

⑥ 12 − 4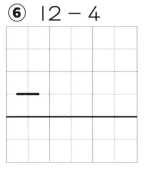

⑦ 13 − 7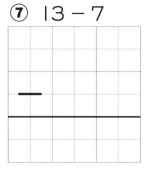

⑧ 18 − 9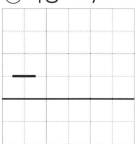

よこがきの けいさん

べんきょうした日　　　　月　　　日

なまえ

1 けいさんを しましょう。

① $15 - 8 =$

② $12 - 6 =$

③ $13 - 4 =$

④ $13 - 9 =$

⑤ $11 - 5 =$

⑥ $12 - 5 =$

⑦ $13 - 6 =$

⑧ $14 - 6 =$

2 けいさんを しましょう。

① $12 - 8 =$

② $11 - 9 =$

③ $12 - 7 =$

④ $17 - 8 =$

⑤ $17 - 9 =$

⑥ $10 - 4 =$

1年の
さんすう
52

単元 くり下がりのあるひき算
ぶんしょうの　もんだい

べんきょうした日　　　　月　　　日

なまえ

1 もんだいを　よんで　しきと　こたえを　かきましょう。

① ちゅうしゃじょうに　くるまが　12 だい　とまって　いました。
そのうち　8 だい　でて　いきました。のこりは　なんだいでしょう。

しき　　　　　　　　　　　　　　　　こたえ

② おりがみが　15 まい　ありました。そのうち　8 まい　つかいました。
おりがみは　なんまい　のこっていますか。

しき　　　　　　　　　　　　　　　　こたえ

③ みかんが　16 こ　あります。おとなりの　いえに　7 こ　あげました。
のこりは　なんこですか。

しき　　　　　　　　　　　　　　　　こたえ

④ こうえんで　こどもが　17 にん　あそんで　いました。
そのうち　8 にん　かえりました。のこりは　なんにんですか。

しき　　　　　　　　　　　　　　　　こたえ

⑤ いちごが　11 こ　あります。5 こ　たべました。
のこりは　なんこですか。

しき　　　　　　　　　　　　　　　　こたえ

1年の
53
さんすう

単元 **差のもんだい**
ちがいは いくつ 1

べんきょうした日 ___ 月 ___ 日

なまえ

1 おとこのこと おんなのこが あそんでいます。どちらが どれだけ
おおいでしょう。

① おとこのこは [ ] にん。　おんなのこは [ ] にん。

② どちらが どれだけ おおいでしょう。

[ ] のほうが [ ] にん おおい。

③ たいるを つかって けいさんの しかたを かんがえましょう。

おとこのこ

おんなのこ

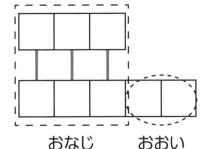

おなじ　　おおい

 おなじ ところを とります。

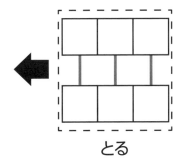

とる　　　のこる

しき [ ] [ ] [ ] = [ ]

1年の
54
さんすう

単元 差のもんだい
ちがいは いくつ 2

べんきょうした日　　　　月　　　日

なまえ

どちらが　どれだけ　おおいかを　もとめるときは　（ ひきざん ）を　つかいます。

1 もんだいを　よんで　しきと　こたえを　かきましょう。

① あかい　えんぴつが　15ほん　あおい　えんぴつが　8ほん
あります。どちらが　どれだけ　おおいですか。

しき

こたえ　（　　　　　　　　）の　ほうが（　　　）ほん　おおい

② ちゅうしゃじょうに　くろい　くるまが　7だい　しろい　くるまが
16だい　とまって　います。どちらが　どれだけ　おおいですか。

しき

こたえ

③ えんぴつが　13ぼん　きゃっぷが　9こ　あります。
どちらが　どれだけ　おおいですか。

しき

こたえ

④ こどもが　11にん　います。いすが　8こ　あります。1この　いすに
ひとりずつ　すわると　すわれない　こどもは　なんにんですか。

しき

こたえ

1年の
55
さんすう

単元 差のもんだい
たしざん？ それとも？

べんきょうした日　　　　　　　月　　　　日

なまえ

1 もんだいを　よんで　しきと　こたえを　かきましょう。

① ばすに　17にん　のって　いました。つぎの　ばすていで　8にん
おります。ばすには　なんにん　のこりますか。

しき　　　　　　　　　　　　　　　　　こたえ

② おりづるを　8わ　つくりました。そのあと　おかあさんから　6わ
もらいました。おりづるは　ぜんぶで　なんわに　なりましたか。

しき　　　　　　　　　　　　　　　　　こたえ

③ ばったが　12ひき　とまって　いました。4ひき　とんで　いくと
のこりは　なんびきですか。

しき　　　　　　　　　　　　　　　　　こたえ

④ きのう　いちごを　7こ　たべました。きょうは　いちごを
9こ　たべました。あわせて　なんこ　たべましたか。

しき　　　　　　　　　　　　　　　　　こたえ

⑤ あかい　おりがみが　12まい　あおい　おりがみが　9まい
あります。どちらが　なんまい　おおいですか。

しき　　　　　　　　　　　　　　　　　こたえ

なかまあつめ

> イヌ3びきとチューリップ2つがいっしょにあっても「5ひき」とはいいません。「なかまあつめ」は、「仲間といえるかどうか」を判断する力を養う学習です。

P5　01　なかまを　あつめよう
1 右図参照

P6　02　なかまわけを　しよう
1 ①③⑥⑦⑨⑪⑬⑯

P7　03　どれが　ちがう？
1 ①ばす／②かぬー／③すくーたー／④じてんしゃ／⑤でしんしゃ

一対一対応

> 2つのものの集まりを1つずつ線で結ぶことによって、どちらの集まりのほうが多いかを判断します。数の概念を理解するための重要な学習です。

P8　04　どちらが　おおいかな？
1 ①❶／②❷／③❷／④❶

P9　05　おおい・すくない・おなじ
1 ①さら／②いす　／③えんぴつ／④ばっと
2 ①かき／②みかん／③すいか／④りんご

5までの数

> 数は、ものの集まりを表す「集合数」と、順番を表す「順序数」の2つがあります。ここでは、子どもたちがイメージしやすい「集合数」から学習を始めます。

P10　06　3(さん)
1 ぱとかー／しょうぼうじどうしゃ
2 ぐろーぶ／ぼうし／ばっと

P11　07　2(に)・1(いち)
1 ねずみ／うさぎ　／へび　／とら
2 けいとらっく／ばす　／じょうようしゃ

P12　08　4(し)・5(ご)
1 うさぎ　／にわとり／ねこ
2 すず／たんばりん　／かすたねっと／ぴあにか

P13　09　0(れい)
1 ①3／②2／③1／④0
2 ①2／②0／③3／④1
3 ①5／②3／③1／④4／⑤0／⑥2

P14　10　たいる・すうじ・ことば
1 ①-❶-4-し／②-❸-5-ご／③-❹-3-さん／④-❷-0-れい／⑤-❻-2-に／⑥-❺-1-いち

P15　11　5のかたまり
1 ①1／②2／③3／④4

9までの数

> 人間がぱっと見て把握できる数は、4～5ぐらいだといわれています。それを超える数については、5をひとまとめとしてとらえていくことにします。

P16　12　6(ろく)・7(しち)
1 6りょう　　2 7わ

P17　13　8(はち)・9(く)
1 8ほん　　2 9つ

P18　14　たいる・すうじ・ことば
1 ①-❸-8-はち／②-❶-6-ろく／③-❹-7-しち／④-❷-9-く

P19　15　なんばんめ
1 ①(1)-(2)-3-4-(5)-6-7-8-(9)
　②(9)-(8)-7-6-5-(4)-3-2-(1)
2 ①7（ばんめ）／②8（ばんめ）／③8（ばんめ）／④6（ばんめ）／⑤へび／⑥くま／⑦りす／⑧うさぎ

5までのたし算

> 教科書では、いきなり10までのたし算を習うことになっています。しかし、これでは、子どもたちの負担が大きいです。ここでは、まず「5までのたし算」を学習します。

P20　16　あわせていくつ 1
1 ①2＋1=3／②3＋1=4／③2＋2=4／④3＋2=5

9までのたし算

「5+2」や「2+5」のような、「5のかたまりがあるたし算」から学習を始めます。そのあとで「4+3」のような「5のかたまりがないたし算」を扱います。

5までのひき算

たし算と同様に「5までのひき算」「9までのひき算」と分けて、ていねいに学習を進めていきます。

9までのひき算

「8-3」のような、「答えに5のかたまりがあるひき算」から学習を始めます。そのあとで「7-3」のような、「答えに5のかたまりがないひき算」を扱います。

P34　30　7－3は？

1 7－3＝4

2 ①6－3＝3／②6－4＝2／③8－4＝4

3 ①4／②3／③2

4 ①4／②3／③4

P35　31　けいさんの　まとめ

1 ①8／②1／③2／④3／⑤5／⑥0／⑦7／⑧2
／⑨4／⑩7／⑪6／⑫2／⑬4⑭1／⑮2／⑯7
／⑰0／⑱0

P36　32　たてがきの　けいさん

1 ①1／②2／③6／④6／⑤4

2

①	②	③	④	⑤
7	8	9	5	8
－4	－3	－2	－3	－0
3	5	7	2	8

⑥	⑦	⑧	⑨	⑩
6	4	8	9	7
－5	－4	－6	－8	－7
1	0	2	1	0

P37　33　ぶんしょうの　もんだい

1 ①しき　7－3＝4　こたえ　4こ
②しき　8－6＝2　こたえ　2にん
③しき　9－6＝3　こたえ　3だい
④しき　8－3＝5　こたえ　5にん
⑤しき　6－2＝4　こたえ　4まい

2けたの数

数は、10でひとまとめになります。また、数の大きさは数字を書く位置によって決まります。そして、全ての数は、0〜9の10この数字で表すことができます。

P38　34　じゅうの　たば

1 ①じゅうのたば　2ほん　1のばら　3こ／
　　2ほん　3こ
②じゅうのたば　3ほん　1のばら　4こ／
　　3ほん　4こ

P39　35　たいる・すうじ・ことば

3ぼん　7こは　(37)と　かき、(さんじゅうしち)とよみます。

1 ①6ほん　　3こ　　63　ろくじゅうさん
②4ほん　　6こ　　46　しじゅうろく

P40　36　10(じゅう)

1 ①4ほん　6こ　　46　しじゅうろく
②2ほん　4こ　24　にじゅうし
③1ほん　9こ　19　じゅうく

④3ほん　0こ　30　さんじゅう
⑤2ほん　0こ　20　にじゅう
⑥1ほん　0こ　10　じゅう

P41　37　どちらが　おおきい？

1 ①②／②❶／③❷／④❷

2 ①30／②32／③30／④47

3 ①44／②29

4 ①11／②19

5 ①40-41-45

P42　38　かずの　じゅんばん

1 ①8／②11／③19／④24／⑤32／⑥37／
⑦43／⑧48／⑨53／⑩60

P43　39　10(じゅう)を　つくる

1 ①8と2／②1と9／③4と6／④7と3／
⑤3と7／⑥5と5／⑦2と8／⑧6と4／⑨9と1

2 ①2／②7／③4／④1

くり上がりのあるたし算

「あといくつで10になるか」を考えながら計算することが大事です。ここでは、位取りを意識させるために、筆算を中心に学習を進めます。

P44　40　9＋□は？

1 しき　　9＋3＝？
たいるを　つかって　かんがえると……こたえ12

2 ①15／②17／③14／④11／⑤10／⑥13／
⑦12／⑧16／⑨18

P45　41　8＋□は？

1 しき　　8＋4＝？
たいるを　つかって　かんがえると……こたえ12

2 ①15／②11／③13／④12／⑤10／⑥14／
⑦13／⑧11／⑨16

P46　42　7＋□は？

1 しき　　7＋4＝？
たいるを　つかって　かんがえると……こたえ11

2 ①13／②10／③12／④11／⑤10／⑥12／
⑦12／⑧11／⑨11

P47　43　けいさんの　まとめ

1 ①13／②11／③14／④14／⑤14／⑥14／
⑦11／⑧13／⑨17／⑩13／⑪14／⑫13／
⑬15／⑭11／⑮17／⑯11

P48　44　よこがきの　けいさん

1 ①16／②14／③11／④15／⑤18／⑥12／
⑦12／⑧12

2 ①11／②13／③13／④14／⑤10／⑥10

P49　45　ぶんしょうの　もんだい

1 ①しき　9＋4=13　　こたえ　13こ
②しき　3＋8=11　　こたえ　11こ
③しき　8＋8=16　　こたえ　16まい
④しき　7＋5=12　　こたえ　12にん
⑤しき　6＋8=14　　こたえ　14さつ

くり下がりのあるひき算

一の位からひけない場合は、となりから10をもらってひき算をします。ここでも、たし算の学習と同様に、筆算を中心に学習を進めます。

P50　46　□－9は？

1 しき　12－9=？
たいるを　つかって　かんがえると……　こたえ　3

2 ①3／②5／③9／④7／⑤8／⑥4／⑦6／⑧2

P51　47　□－8は？

1 しき　11－8=？
たいるを　つかって　かんがえると……こたえ　3

2 ①3／②6／③8／④5／⑤9／⑥4／⑦7／⑧9

P52　48　□－7は？

1 しき　13－7=？
たいるを　つかって　かんがえると……こたえ　6

2 ①6／②8／③4／④7／⑤7／⑥5／⑦9／⑧8

P53　49　□－5は？

1 しき　12－5=？
たいるを　つかって　かんがえると……こたえ　7

2 ①7／②9／③6／④9／⑤8／⑥9／⑦8／⑧9

P54　50　けいさんの　まとめ

1 ①8／②9／③9／④8／⑤8／⑥7／⑦5／⑧8

2 ①　14－7=7　②　16－9=7　③　15－9=6　④　12－3=9
⑤　12－9=3　⑥　12－4=8　⑦　13－7=6　⑧　18－9=9

P55　51　よこがきの　けいさん

1 ①7／②6／③9／④4／⑤6／⑥7／⑦7／⑧8

2 ①4／②2／③5／④9／⑤8／⑥6

P56　52　ぶんしょうの　もんだい

1 ①しき　12－8=4　こたえ　4だい
②しき　15－8=7　こたえ　7まい
③しき　16－7=9　こたえ　9こ
④しき　17－8=9　こたえ　9にん
⑤しき　11－5=6　こたえ　6こ

差のもんだい

教科書では「のこりはいくつ」と「ちがいはいくつ」を同じ時期に教えています。しかし、つまずきやすい問題なので、この2つを分けて学習をします。

P57　53　ちがいは　いくつ1

1 ①おとこのこ　3にん　　おんなのこ　5にん
②おんなのこの　ほうが　2にん　おおい。
③しき　5－3=2

P58　54　ちがいは　いくつ2

1 ①しき　15－8=7
こたえ　（あかい　えんぴつ）の　ほうが
(7) ほん　おおい。
②しき　16－7=9
こたえ　しろい　くるまの　ほうが
9だい　おおい。
③しき　13－9=4
こたえ　えんぴつの　ほうが　4ほん　おおい。
④しき　11－8=3
こたえ　すわれない　こどもは　3にん。

P59　55　たしざん？　それとも？

1 ①しき　17－8=9　こたえ　9にん
②しき　8＋6=14　こたえ　14わ
③しき　12－4=8　こたえ　8ぴき
④しき　7＋9=16　こたえ　16こ
⑤しき　12－9=3
こたえ　あかい　おりがみの　ほうが
3まい　おおい。

● プロフィール ●

片桐裕昭 （かたぎり ひろあき）

東京の公立小学校に勤めて今年度（2023）で 38 年目。数学教育協議会に所属。
「当たり前をほめる。子どものやる気を引き出す」をモットーに、学級経営・教
科経営に取り組んでいます。

共著
『ゲームであそぼう 算数・数学』『子どもがよろこぶ算数活動』（国土社）
『算数・数学つまずき事典』『算数・数学わくわく道具箱』（日本評論社）
『まるごと授業 算数 5 年』（喜楽研）

イラスト●やまね あつし
編集●内田直子

すきま時間にできる！ 楽しい算数ワーク【小学 1 年生】

2023 年 3 月 12 日　第 1 刷発行

著　者●片桐裕昭
発行人●新沼光太郎
発行所●株式会社いかだ社
　　　　〒 102-0072　東京都千代田区飯田橋 2-4-10　加島ビル
　　　　Tel.03-3234-5365　Fax.03-3234-5308
　　　　E-mail info@ikadasha.jp
　　　　ホームページ URL　http://www.ikadasha.jp/
　　　　振替・00130-2-572993
印刷・製本　モリモト印刷株式会社

Hiroaki KATAGIRI. 2023 ©
Printed in Japan　　ISBN978-4-87051-585-7
乱丁・落丁の場合はお取り換えいたします。
本書の内容を権利者の承諾なく、営利目的で転載・複写・複製することを禁じます。